JN437814

그래 봤자

한국의 단시조 022

그래 봤자

이기라 시집

책만드는집

| 시인의 말 |

한계

너도 가죽이고
나도 가죽인데

아무리 치고 두드려
소리를 내어 봐도

장구는 장구 소릴 뿐
북 소리를 넘지 못하네.

| 차례 |

1부 오늘은 내가 그 마음

2부　이 밤 저 둥근 달을

3부 결국은 한 줌

4부 소적새 우는 밤

5부 가을 정산精算

1부

오늘은 내가 그 마음

시矢

지금
나는 떠난다
팽팽한 긴장에서

허공에 걸려 있는
무지개를 들쳐업고

그리운
너의 가슴에
이 한 몸을 바친다.

폭포

평범하던 삶이 졸지에
내리 곤두쳤다고

생이 모두 거기에서
끝난 것은 아니다

추슬러
정신을 차리면
다시 또 삶이다.

벽

벽이 벽에 갇혀 벽 밖으로 나갈 수 없다

누가 누구 땜에 막히고 갇힌 것인지

서로가 얽히고설켜 네 탓 내 탓뿐이다.

그래 봤자

지붕 위에 영근 박들
저 잘난 듯 덩그렇다

잎이고 덩굴이고
안중에 하나 없다

근본을 모르는 것들
그래 봤자
박이다.

목련 서거逝去

겨울 끝에 주섬주섬
오는 봄은 희망일 터

앞들에도 뒷산에도
싹은 돋고 있는데

저 잠시
피었던 목련
봄을 두고 절명하네.

5월

5월은 골짝마다
초록 궁전 지어 놓고

뻐꾸기 불러다가
또박또박 셈도 하고

청산에
먹물을 찍어
시도 지어 놓는다.

덩굴장미

얼굴은 안 보이고
입술만 남은 여자

정조를 지키려고
은장도 품은 여자

오뉴월
담장을 끼고
짝사랑만 하던 여자.

그 밤에 꽃 지다

조명탄이 연방 터지고
포 소리가 요란했다

억수로 퍼붓던
빗발의 무한 공습

평온을
찾은 이 아침
피 흘리고 간 모란.

합죽선

난이 있는 풍경 한 틀
손아귀에 펼쳐 들면

계곡으로 흐르는 물
스쳐 오는 바람 소리

무더운
여름 한낮이
살랑살랑 지나간다.

늦더위

막돼먹은 더위 놈을
내 어이 갉겠는가

보자보자하니
처서까지 좇아와서

뗑깡을
놓는 바람에
겉땀 진땀
다 뺐다.

그때가 꽃 · 1

내게도
언젠가는
꽃 필 때가 있겠지 하고

기다리고
기다리고
기다리던 푸른 날

이제 와
돌이켜 보니
꽃이었네
그때가.

강설降雪

눈이 오고 있다
냉랭한 한랭 전선

하늘나라 구름 사회에서
대량으로 실직당한

감원의
찬 바람 타고
흰 눈이 오고 있다.

눈 내린 길

아무도 밟지 않은
눈 내린 길을 간다

언젠가 누군가도
눈 내린 날 갔을 마음

오늘은
내가 그 마음
탁본으로 뜨고 있다.

지우개똥

'토끼'라고 썼다가
지우개로 지웠다

'호랑이'라 썼다가도
지우개로 지웠다

지워진
자리에 남은 건
다 똑같은 지우개똥.

적멸

잘난 것도
못난 것도
배웠건
못 배웠건

우열
승패
애증
고락
돈
명예
있고 없고

이젠 다
무효야 무효
지금부터 시작이야.

참새 싸움

밤새워 삭이고도
분이 덜 풀렸는지

이 아침 댓바람에
창 밖이 시끌벅적

짹 짹 짹
그래그래 짹
너 죽고 나 죽자 짹.

벌레

벌레 벌레
좀벌레
기는 벌레
나는 벌레

잎잎마다 갉는 벌레
곳곳 구석 똥 눈 벌레

예끼 놈
버러지만도 못한
너는 이미
밥벌레.

번지 점프

저 깊은 수렁을 향해 내가 나를 던지네.
줄 하나에 담보하고
이 몹쓸 푸른 목숨
얼마나 무너져 내려야 절망이 바닥치는가

2부

이 밤 저 둥근 달을

도끼

사정없이 내려찍어야
명분이 서게 되고

한 몸을 갈라 뉘고야
물러앉아 쉬게 되나

현실은 녹이 슬어도
저 날 앞엔
섬뜩하다.

소나기

잔뜩 흐린 생각
번쩍
빛이 나고

쿵! 하고
만인에게
울림 주는 천둥 같은

글줄기
빗줄기처럼
쏟아지면 좋을 일.

요지경

월월 -
왈왈 -
누가 누굴 꾸짖는가

겨 묻은 개
똥 묻은 개
저 잘난 개 짖고 있다

아수라
개판인 것도
개똥밭이 이승인께.

억지 주장

– 그가 구속되며

누가 봐도 검은 손을
희다고 우겨 대며

백합을 들었다고
그게 가려지나요

진실은
검은 그 손을
검다 한 게 진실이죠.

그리운 너

내 너를 이제까지
수없이 만났지만

만나고도 그리운 건
무슨 까닭이던가

이토록
너 그리울 땐
詩라고 써 본다.

내가 못 내린 판단은

도둑을 지킬 건가 말 건가는
개한테

새벽을 알리느냐 마느냐는
닭한테

하루에
몇 끼가 좋은지는
돼지한테
물어 보라.

접시

몸을 낮추니
마음이 넓어지고

마음이 넓어지니
품을 게 많아진다

품어서
넉넉한 둘레
누릴수록 여유롭다.

달빛詩

깊은 밤
잠을 깨니
문살이 하도 밝아

문을 열고 내다보니
소쩍새 멀리 울고

마루 끝
하얀 달빛詩
못 읽고 잘 뻔했다.

이 밤 저 둥근 달을

이 밤 저 둥근 달을
북인 양 치고 싶다

부풀어 앓던 가슴
힘껏 두드리면

두웅둥 -
소리를 내며
울려 퍼질
달빛 소리.

이슬

저건
아무래도
어느 맑은 혼령이지 싶다

이승을 떠나기가
아쉬움이 남아 있어

마지막
풀잎에 앉아
기도하고 있나 보다.

비

아예
머리 풀고
종일을 우는구나

울어서 아픔들을
잊으려면 잊겠던가

눈물로
어림없구나
오늘 나의 아픔은.

쉿!

입도 뻥긋 말고
부스럭거리지도 말고

저놈이 다가오기만을
숨죽여 기다리는

그 순간
빵-
하고 터지는
총부리의 재채기.

매듭

일을 벌였으면
매듭은 지어야 하고

묶인 보따리는
매듭을 풀어야 한다

부부는
사랑으로 묶인
매듭 없는 매듭이다.

쉼표는 있고 마침표는 없다

우리
살아 있는 동안
숨은 매번 쉬어야겠고,

가다 가다가 숨차면
숨은 크게 쉬어야겠고,

마지막
끝나는 문장
숨 쉴 일이 다신 없다

석류

한 줌 꽉 움켜쥐어
뭉쳐 놓은 저녁 노을

해와 달 별빛들이
이슬에 스민 듯이

알알이
영롱을 떨며
자지러진 웃음바다.

노을

저 봐
저 저것
불그레 젖은 저것

하늘도 때로는
달거리를 치르는지

황홀한
저녁의 한때
저 강물에
씼고 있네.

머리를 빗으며

어제는
검정 실오리
방바닥에 노닐더니

오늘은
명주 오라기
쪽마루에 반짝인다

저녁 해
아늑한 시간
낯선 나의 백금사白金絲.

따뜻한 사랑

그 어느 뉘에게도
끈질긴 생명력이다
아무도 말 안 했지만
스스로 우러나서
맘 속에
충전이 되어
따뜻하게 쓰는 거.

3부

결국은 한 줌

저 입들

저 입들
다 모으면 살기 정말 좋겠다

저 입들
걸어 잠그면 세상 너무 적적겠다

저 입들
흰소리 쳐도 역사는 굴러간다.

난전

가져 나온 푸성귀
초장에 다 팔고

옆자린 주머니 챙겨
짐 꾸린 지 오래인데

아무도
거들떠보잖는
시들어 빠진 詩.

오리무중

안개나 구름이나
구름이나 안개나

그게 그건데
위치만 다를 뿐

뜬구름 잡지 말라며
안개 속을 헤매네.

낮달

뿜내던 어젯밤의
자랑도 식었는지

소지 올린 재처럼
후 불면
삭아질 듯

스무 날
밤을 앓고 난
허기지는
흰죽 사발.

그림자

길 나서면
졸졸졸
앞서거니
뒤서거니

나 없이는 한시라도
못 산다고 따라오네

죽음도
함께하겠다니
어쩌랴 내 어쩌랴.

매미

삼칠일 안에 죽으나
아흔에 죽으나

살아본 건 다 헛거고
죽는 건 같다지만

한 번도
웃어 보지 못하고
운 것밖에 없으니.

간고등어

넓디넓은 바다 세상
얼굴도 몰랐다가

이제 와 사랑 한번
저승서나 나누라고

간잡이
맺어 준 인연
아직도 첫날밤.

난동暖冬

소한이 지나가도 겨울은 뭘 하는지

다투어 푸르도록 보릿골을 놔 둔 채로

앞마당 산수유마저 망령들게 했구나.

그 봄

턱 높은 문지방에
걸터앉은 저녁 별은

빈 젖 빨던 아기처럼
등걸잠에 들어 있고

뻐꾸기
마른 목청만
함지박에 담기던 봄.

하얀 꽃

봄을 봄이라고
말하지 못하고

가슴에 담아 두고
속앓이를 해 봤자

네 맘이
이리 하얀 줄
그 누가 알았겠니.

천둥 · 1

너와 나
억만 염원
허공을 헤매다가

천지를 빠스릴 듯
아, 이 뜨거운 격정

이대로
몸을 살라도
다시없을
사랑이여.

천둥 · 2

이 아닌 밤중에
철판을 두드려서

깊이 잠든 귀들을
죄다 깨워 열어 놓고

감은 눈
시울도 번쩍
용접 일을 하나 보다.

세상사

이 산에서
뻐꾹- 뻐꾹-
저 산에선
꾸엉- 꾸엉-

산등성이 올라서서
누군가는
야호- 소리

화창한
이 봄날인데도
구구- 슬픈
멧비둘기.

호스피스 동棟

인생 막차 타기 위해
대합실에 드러누운

길 떠나는 사연들이
하나같이 측은하다

잘 가란 말도 못 하고
붙잡지도 못 하고.

결국은 한 줌

화톳불 어둠 태워
뜨겁던 불꽃 열기

그 밤이 지난 아침
재만 한 줌 싸느랗다

그렇다
결국은 한 줌
그러한 재인 것을.

남은 가을

여름엔 걷어찼던
이불깃을 당기는 밤

베갯머리 젖어 오는
귀뚜라미 맑은 소리

내 몫의
가을은 이제
몇 소절이나
남았을까.

11월

잘 가라
내 살붙이들아
눈물은 보이지 말자

희망이었던 열매들아
꿈이었던 이파리들아

보낼 것
다 떠나보내고
홀로 남은
외로움.

낮음의 미학

거대한 우주에서 사람은 다 낮은 존재

나를 낮추는 건 너를 존중한다는 것

냇물은
낮게 더 낮게
몸을 낮춰
바다 된다.

4부

소쩍새 우는 밤

추錘

이쪽일까 저쪽일까
저쪽일까 이쪽일까

시간은 째깍째깍
쉼 없이 재촉는데

아직도
판단 못한 채
갈팡질팡
제자리.

닭싸움

볏이 큰 장닭들은 툭하면 싸움이다

할퀴고
　　　　쪼고
　차고
　　　　　온몸이 피투성이

그놈의 감투가 뭐길래
지나새나 서열 다툼.

10원

몸값은 높아 가도 가치는 떨어지니

세상을 사는 일이 갈수록 재미 없다

가격표 1990원 내 이름의 빈 자리.

1원

금전 바닥 따라지 일생 요원한 부귀영화

살아도 산 것 같잖고 죽을 수도 없는 목숨

어디다 이름을 붙여 이 하루를 빌어먹나.

숮 · 1

가슴에 습한 눈물
아무리 젖어 와도

불태웠던 마음들이
재가 되지 못하고서

영원히
변하지 않을
언약으로 남은 침묵.

숯 · 2

몸을 불살라
네게 다 쏟고 나면

이제는 식었다고
토라지고 말 건가

참말로
사를 것이란
다함없는 검댕이.

불면 不眠

늘 오던 것이어서
길 잃을 리 없지만

어디쯤 오고 있는지
통 알 수가 없는 노릇

오지게
기다리다가
날이 밝고 말았다.

적야 寂夜

더는 잦지 못해서
가득 고인 달빛 물결

밤은 인적의 끈을 놓친 채
망연자실로 젖고

홍건히
지상에 드러난
무공해 이
적막.

그때가 꽃 · 2

대나무가 백 년 만에
꽃이 한 번 피듯이

인생도 백 년이면
꽃 핀 날이 없었겠나

모르고 지났던 때가
꽃이었네
그리움.

어정 세월

말없이 왔다가
말없이 가 버리는

가서는 영영 다시
오지 않는
임아!
임아!

오늘을 함께했을 뿐
이 하루도
풋사랑.

사랑

평생을 먹는 일밖에 모르던 메뚜기

마지막 소원은 네게 한번 업혀 보는 일

잘됐다
나도 너 한번 업어 보는 거였는데.

소쩍새 우는 밤

'젖 줘-'
'젖 줘-'
나더러 젖을 주라 하네

'좋죠?-'
'좋죠?-'
이제는 좋냐고 묻고 있네

이 밤에
나의 잠자리
어찌 알고 그러는지.

구멍가게

장사도 가지가지
물건도 가지가지

옷 가게는 옷을 팔고
과일 가겐 과일 판다

그러면
구멍가게는?
-구멍을 팔겠죠 뭐.

유곽 遊廓

-○○○588

누가 심어 가꾼 걸까
저녁 무렵 피는 분꽃

연지 곤지 불 밝히고
유리문 밖 나와 서서

지나는 바람을 잡고
쉬어 가라 웃는다.

오메 좋은 거

시절 좋고
경치 좋고
유람 때가 좋긴 해도

먹는 입
입는 옷
부귀영화 더 좋지만

모르레
배 밑에 깔려
앓는 소리
오메 좋은 거.

무아경無我境

니 거는 내 거이고
내 거는 니 거이고

소유의 경계가
허물어질 때가 종종 있다

저녁 해
구름에 들어
노을 지는
황홀함.

그리움

흰 구름 둥둥 떠 가고 바람 솔솔 이는 내 마음 푸른 벌판에 너는 언제부터인가 외로이 방목되어진 한 마리 가여운 양이어라.

너는 웃고 있구나.
추억 모서리
이 가슴

빛 고운 꽃잎처럼
책갈피에 끼워 둔

네가 보고 싶구나
촛불보다 환하게

먼 그리움

5부

가을 정산精算

전립선

자 없이도 직선을 그을 줄 알던 연필

쓸 만큼 쓰고 나니
심이 닳은 탓일까

면벽의
좌표 공간에
포물선만 그린다 ⌒

죽粥

죽쑤었던 민주네 집
죽맛이 괜찮은지

불어 터진 입소문에
죽도 밥도 아닌 것을

모르지
딴죽 친 사초史草
죽 먹는 꼴 안 될지.

봄 꽃철

봄이면 꽃철은 선거철이 되나 보다

벚꽃당 개나리당 산비탈의 진달래당

저마다
벌이는 유세
눈에 두기 시끄럽다.

앉아서 눈 감지

매에게 쫓기던 꿩
검불 속에 머리 박고

제 눈에 안 뵌다고
숨은 걸로 아나 보다

도망은
왜 도망을 가
앉아서 눈 감고 말지.

아내의 달

첫 친정 간 하루 만인
열나흘 밤입니다

달빛은 시리어도
더워 오는 정입니다

한 아름
텅 빈 한 아름
안지 못할 달입니다.

심야 폐월도深夜吠月圖

어젯밤
마님 방을 들른 게 저놈이지 싶어

아무런 물증 없이
의심을 받던 달이

방문을
기웃거리다
깜짝 놀라
달아난다.

허무

평생을 뼈 빠지게
한 일들은
흑자지만

모은 돈 못 써 본 건
고스란히
적자인 채

어느 날
졸지에 그만
가 버린
그런 인생.

팽이

매를 들면 무서워
숙일 줄 알았더니

요놈 보게
맞을수록
꼿꼿이 서 있네

아서라
매로 다스릴 나이가
아닌가 보다.

봄 출력 중

나무가 겨울잠만
자는 줄 알았더니

이 봄에 펼칠 일을
궁리하고 있었구나

연초록
전단지 한 장
가지마다 출력 중.

물수제비

하나 둘
징검돌을
폴짝폴짝
건너가듯

잘 있거라
손 흔들며
떠나가던
너의 모습

내 그냥
우두커니 서서
바라보다
놓쳤다.

거울

조금도 거짓이란
지닐 줄 모르기에

모든 걸 보는 족족
사실대로 일렀지요

솔직히 살아가는 일
마음 이리
편합니다.

별을 보며

여기 하나
저기 하나
놓일 대로 놓인 포석布石

축으로 몰린 듯이
대마 하나 걸려 있고

밤마다
대국對局의 복기復棋
해설인 양 반짝인다.

박과 달

박은
담장 위서
잎 사이로 쳐다보고

달은
하늘에서
구름 새로 내려 보고

이 한밤
벌거벗은 둘
능청스런
풀벌레.

가을 정산精算

가을이면 나무들은
계산에 드나 보다

꽃 핀 대로 열매 맺고
잎 핀 대로 단풍졌는지

다 갚고
나머지에 걸린
우듬지의 까치밥.

낙엽

나무는 예년처럼
성장을 하고서도

경영이 어렵다고
휴업계를 냈나 보다

졸지에
해고당한 잎
핏대 올려 항변이다.

억새

칼 갈았다
칼 갈았다

실바람에도
칼 갈았다

된 놈 못된 놈
어디 덤비기만 해봐라

그까짓
높은 하늘도
찔려 우는
놀이더라.

첫눈 오는 날

그간 하지 못했던 말
속속들이 적어 둔 걸

이제 와 꺼내 보고
도로 접어 망설이다

조금은 잊어 보자고
발기
발기
찢어 흩누나.

하산길

저 가풀진 저녁 해.
시간에 드니
하산길

온 길 잠시 바라보다
이마의 땀을 닦고

청춘을 다 바쳤네
이 산을 오르려고

| 후기 |

글의 말씀

이보게 작품집에
해설은 넣지 말게

대다수 해설들이
사탕발림 아니던가

단 것은
몸에 안 좋아
이빨부터 상하지.

-2018년 봄

서울 面牧洞 寓居 書牧室에서

李起羅

그래 봤자

—

초판 1쇄 2018년 5월 24일
지은이 이기라
펴낸이 김영재
펴낸곳 책만드는집

—

주소 서울 마포구 양화로3길 99, 4층 (04022)
전화 3142-1585 · 6
팩스 336-8908
전자우편 chaekjip@naver.com
출판등록 1994년 1월 13일 제10-927호

—

ISBN 978-89-7944-654-8 (04810)
ISBN 978-89-7944-513-8 (세트)